DES PRINCIPES

DE

L'ORGANISATION JUDICIAIRE

EN FRANCE

PAR

ÉD. DE HYS

JUGE DE PAIX DE SAINTE-CROIX

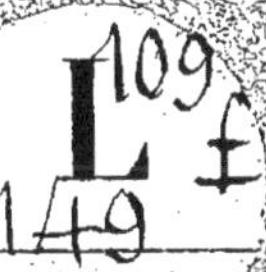

DES PRINCIPES
DE
L'ORGANISATION JUDICIAIRE
EN FRANCE

PAR

ED. DE HYS

JUGE DE PAIX DE SAINTE-CROIX

A Monsieur le Garde des Sceaux, Ministre de la Justice.

MONSIEUR LE MINISTRE,

Je viens vous présenter les pages qui suivent; j'avais déjà publié un écrit sur l'organisation judiciaire, j'ai cru devoir le refondre et lui donner plus d'étendue.

J'appartiens par mes parents à la magistrature; je suis moi-même depuis longtemps juge de paix et ne suis point sans expérience. Très près des justiciables, le juge de paix les rencontre, les voit, les entend chaque jour, et n'ignore rien de leurs sentiments, qui, souvent, sont imparfaitement connus en haut lieu. J'ai pensé, Monsieur le Garde des Sceaux, en écrivant ces pages et en vous en faisant hommage, faire une chose utile et remplir un devoir.

J'espère, Monsieur le Garde des Sceaux, que vous serez assez bon pour jeter les yeux sur cet écrit, et pour accueillir mon travail avec la haute bienveillance que vous voulez bien accorder aux magistrats dévoués et laborieux.

Veuillez agréer l'hommage du profond respect avec lequel j'ai l'honneur,

Monsieur le Ministre,

d'être votre très humble et très obéissant serviteur,

Ed. de HYS,

Juge de paix à Sainte-Croix (Ariège).

I

Les changements dans l'organisation judiciaire sont choses graves; l'opinion publique s'en émeut; il est sensible qu'on touche aux intérêts les plus précieux; on sait aussi que les modifications apportées aux institutions judiciaires sont difficilement acceptées par le peuple. Les gouvernements ont été plus d'une fois obligés de revenir aux anciens errements et de rentrer dans la voie qu'ils avaient abandonnée. On ne saurait donc, en ces matières, agir avec trop de réserve et de prudence. On proposait assez récemment de supprimer les Cours d'assises dans certains départements et de les conserver seulement près les Cours d'appel. La Cour de cassation, consultée, s'éleva contre ce changement, et, sans s'arrêter aux avantages qu'il pouvait présenter, parut surtout frappée par l'idée du trouble qui pouvait en résulter dans l'administration de la justice. La stabilité est le nerf des institutions judiciaires. Ne voit-on pas la propriété se transmettre, les contrats se former sous l'empire et sous la protection des lois que les tribunaux sont appelés à maintenir et à conserver ? Ne voit-on pas quels intérêts se groupent autour d'eux ? C'est qu'en fait ils règlent le mouvement des biens, des affaires, de l'industrie, du commerce, de tout ce qui touche de plus près à l'existence de chacun.

*

Aussi l'opinion publique s'est-elle émue des projets que lui ont fait connaître les journaux.

« La compétence actuelle des juges de paix serait éle-
« vée au point de vue civil; elle s'étendrait, en outre,
« aux matières correctionnelles et commerciales.

« Les tribunaux de première instance seraient suppri-
« més; mais au siège de chaque arrondissement il y au-
« rait un juge unique chargé de juger en première ins-
« tance.

« En outre, ce juge unique, assisté de deux juges de
« paix de l'arrondissement, statuerait en appel sur les
« décisions rendues par les juges de paix.

« Les décisions des juges uniques en première instance
« pourraient être déférées aux cours d'appel qui seraient
« maintenues, mais avec un personnel très réduit. »
(*Courrier des Tribunaux,* 17 novembre 1881.)

II

En ce qui concerne les justices de paix, l'opinion publique se demande si une extension considérable de compétence n'est point hors de proportion avec l'importance de ces tribunaux, avec les habitudes intellectuellement peu élevées du très grand nombre de chefs-lieux de canton; — les débats des affaires importantes, — ceux des affaires commerciales, — ceux des affaires correctionnelles, peuvent-ils être portés dans les prétoires des cantons ruraux ? La discussion de ces affaires pourra-t-elle être soutenue par les parties elles-mêmes ? Le concours des avocats ne sera-t-il pas nécessaire ? Les mœurs judiciaires existantes ne sont-elles pas un obstacle ?

Les justiciables, il est vrai, trouvent commode de porter leurs affaires devant les juges de paix; ils aiment à voir certaines infractions aux lois et aux règlements jugées par ce magistrat; mais ils sont satisfaits, quoiqu'il leur en coûte quelque argent, de voir les affaires qui ont quelque importance, les affaires correctionnelles, qui ont toujours de la gravité, discutées solennellement par des hommes versés dans la science du Droit devant un tribunal composé de plusieurs juges et en présence des magistrats du parquet. Ces garanties leur sont précieuses; ces formes sont passées dans les habitudes et dans les mœurs plus profondément qu'on ne le pense. Des intérêts se sont, en outre, créés autour de ce tribunal, qui est en réalité, il convient de le dire hautement, le seul juge des personnes et des choses.

Le législateur de 1790 a, en effet, confié aux tribunaux de première instance une pleine et entière juridiction. Ils étaient déjà anciennement, comme le dit très bien Loyseau, « juges ordinaires des lieux et du territoire, ayant « justice régulièrement et universellement sur les per- « sonnes et les choses qui sont en ce lieu. » Ces tribunaux, comme ceux auxquels ils ont succédé, sont les seuls juges des questions d'état et de propriété. Si l'on veut pénétrer dans les vues du législateur, il est aisé de reconnaître qu'il envisage une valeur où commence pour lui ce qui est capital. Quant au ressort du tribunal de première instance, il s'occupe seulement de ce qui est au-dessus de cette valeur, et renvoie tout ce qui est au-dessous aux juges de paix. Il importe peu que le capital soit mobilier ou immobilier de sa nature. Il convient seulement de remarquer que, quelque minime que soit un bien ou un droit immobilier, il est présumé avoir la même valeur que la somme où commence le ressort du tribunal civil, et ne tombe point sous la juridiction des juges de paix. C'est là l'idée aussi juste que pratique qui a présidé à l'économie de la loi de 1790. En créant les justices de paix, le législateur n'a eu d'autre but que de dégager les tribunaux juges de toutes les causes civiles de certaines contestatious spéciales et de les déférer à des tribunaux d'exception, qui les jugent à peu de frais et avec célérité, réservant aux premiers les autres litiges.

Il est évident que le législateur de 1790, préoccupé surtout de repousser de nos lois toute idée oligarchique, n'a voulu établir qu'un seul tribunal, auquel il a donné juridiction sur les choses, de quelque nature qu'elles soient, et sur les personnes, quels que soient leur rang et leur condition. Toutefois, comme il était matériellement impossible que le tribunal institué jugeât toutes les contestations, surtout les contestations de fait, qui surgissent en grand nombre et auraient encombré le prétoire au détriment des causes importantes, et peut-être aussi de l'étude et de la science du Droit, il dut instituer une autre juridiction pour l'expédition de ces sortes d'affaires.

Le projet de loi opère un partage de juridiction entre les tribunaux de première instance et les justices de paix; il semble créer ainsi deux sortes de propriétés : celle qui ressortit du tribunal de première instance et celle qui ressortit des justices de paix. Le législateur de 1790 n'admet qu'une seule espèce de propriété, celle où commence la compétence du tribunal civil. Pour lui, toutes les valeurs au-dessous sont des choses flottantes qui ne sont point encore fixées comme capital.

Si l'on se place au point de vue du justiciable, et si l'on tient compte des sentiments qui le dominent, il est aisé de comprendre qu'il ne peut voir avec satisfaction un tribunal pour la petite propriété, un autre tribunal pour la grande. Sans doute, on ne peut éviter, jusqu'à un certain point, qu'il n'en soit ainsi ; mais le projet de loi établit cette ligne de démarcation que le législateur de 1790 s'est efforcé d'effacer. Au lieu de fermer aux petites fortunes l'entrée du tribunal de première instance, il faudrait, selon l'esprit de nos institutions, leur en faciliter l'accès.

En opérant, comme il vient d'être dit, un partage de juridiction entre les tribunaux de première instance et les juges de paix, ceux-ci se trouvent investis d'une pleine et entière juridiction, en ce qui concerne la petite propriété, contrairement aux maximes de notre droit public et aux principes posés par le législateur de 1790. Celui-ci a cependant tracé, entre les deux juridictions, une ligne de démarcation plus rationnelle et plus scientifique, en attribuant aux tribunaux de première instance et aux justices de paix des matières spéciales et particulières. Il a soin, en effet, de confier exceptionnellement aux juges de paix les nombreuses contestations de fait qui surgissent chaque jour ; celles des gens de travail; les questions de baux à ferme et à loyer; les dommages aux champs et aux récoltes ; les actions possessoires ; les affaires de simple police, et d'investir les tribunaux de première instance d'une pleine et entière juridiction sur les personnes et sur les propriétés. Combien la fixation de la compétence à raison de la matière est plus juridique que celle à raison du montant de la demande ! celle-ci a toujours le très grand inconvénient de permettre à un plaideur malhonnête ou téméraire de distraire, pour un litige de minime importance, une partie de ses juges naturels.

L'élévation excessive du taux de la compétence des justices de paix, leur juridiction étendue aux matières commerciales et correctionnelles, donne lieu à une observation importante. S'est-on figuré un juge de paix jugeant seul un litige considérable, prononçant sur la propriété du jardin ou de la maison d'un justiciable, ou condamnant correctionnellement à la prison? a-t-on songé aux récriminations, aux critiques, que des décisions aussi graves peuvent soulever? Ce qui constitue l'autorité, ce qui fait la puissance du tribunal civil, c'est l'impersonnalité dont l'a entouré la sagesse du législateur. Nul ne sait, il n'est permis à personne de savoir, dans quel sens un juge a opiné. Les personnes disparaissent, les corps constitués seuls sont en vue. Le juge de paix n'a rien de semblable qui le protège; aussi ne faut-il lui imposer que la tâche qu'il peut raisonnablement accomplir, c'est-à-dire ne lui confier, suivant le vœu du législateur de 1790, que les causes qui ne touchent point réellement à la fortune des citoyens. Quelle que soit la capacité d'un juge de paix, son amour de la justice, les lumières des collègues, les conseils des magistrats du parquet lui feront toujours défaut. Il sera cependant tenu de juger correctionnellement, de décider des questions de propriété très importantes, souvent de la fortune et de l'honneur des personnes! Ces sortes d'affaires ne sont-elles point graves? n'importe-t-il point qu'elles soient jugées avec toute la solennité possible?

L'opinion publique, on le voit, est non seulement peu favorable à l'extension de la compétence civile des juges de paix, mais encore tout à fait opposée à l'extension de leur juridiction criminelle. Elle exigerait que leur compétence fut limitée aux affaires de simple police. Il importe, toutefois, de remarquer qu'elle verrait sans peine leur juridiction élevée, en cette matière, à 25 francs d'amende. Il y aurait lieu dans ce cas, et ce serait tout à fait rationnel, de créer une quatrième classe de contraventions, comprenant les infractions punies de 16 à 25 fr. d'amende. La juridiction du tribunal correctionnel pourrait être ainsi déchargée d'un nombre suffisant d'affaires peu importantes, et qui peuvent sans inconvénient être déclassées. Il y aurait lieu, en même temps, de faire un relevé de toutes les infractions passibles des peines de simple police, et de les distribuer dans les quatre classes des contraventions. Ce travail de codification, tout en mettant de l'ordre dans des matières assez confusément éparses dans un grand nombre de lois et de règlements, édictés à diverses époques, mettrait ainsi un terme à bien des difficultés.

En général, on l'a déjà dit, les modifications aux lois de compétence, soit au civil, soit au criminel, sont choses considérables. A ce propos, un savant jurisconsulte, dans son commentaire sur la procédure des justices de paix, écrit ceci de remarquable : « A nos yeux, les nou-« velles lois ont presque toujours l'immense défaut d'être « une superposition de principes sans méthode et sans « ordre ; comment ensuite interpréter sainement les tex-« tes qui régissent une même matière, quand on est « obligé de consulter l'esprit complètement différent de « deux législateurs ? (Carré, Ier vol., P. C.) » On le voit, les jurisconsultes redoutent les changements ; aussi repoussent-ils les modifications qui tendent à altérer l'institution des juges de paix. Ils accepteraient celles qui les laisseraient dans leurs attributions. On pense généralement que leur compétence, suivant le vœu de la science et suivant les prescriptions du législateur de 1790, doit rester limitée aux contestations de fait, aux litiges de chaque jour, à ceux des aubergistes, ouvriers et gens de travail, aux questions de baux à ferme et à loyer, aux dommages aux champs et aux récoltes, aux ventes d'animaux domestiques, aux injures verbales, aux actions possessoires, aux affaires de simple police ; ces matières sont importantes ; elles exigent, pour être complètement connues, une étude et une application incessantes. Certes, la compétence des juges de paix pourrait être étendue à d'autres matières qui peuvent rentrer dans leurs attributions ;

le taux du premier et du dernier ressort pourrait être élevé. Mais, comme on l'a déjà dit, il importe de ne modifier les lois sur la compétence qu'avec prudence et sans déplacer les lignes essentielles qui limitent les juridictions.

Et dans cet ordre d'idées il n'y a point à se préoccuper de ce qui se fait en Angleterre, en Algérie, en Italie, en Allemagne; les usages sont différents : les exigences des justiciables, l'esprit d'égalité, la plus grande division des propriétés et du sol, des institutions judiciaires plus austères et plus graves, ont créé chez nous d'autres besoins, d'autres habitudes et d'autres mœurs.

III

Si l'opinion publique désire que la compétence des juges de paix soit maintenue dans les limites fixées, quant à la matière, par le législateur de 1790, elle fait aussi des vœux pour que l'accès des tribunaux de première instance soit rendu plus facile à la petite propriété. Les droits d'enregistrement devraient être réduits; les frais de justice diminués, l'assistance judiciaire organisée d'une manière plus efficace; la barrière qui éloigne les justiciables des magistrats, abaissée s'il est possible.

On essaya quelques réformes dans ce sens dans le courant du dix-huitième siècle. Deux édits, l'un du mois de mars 1749, l'autre du mois d'avril 1769, autorisaient les bailliages de Tours et d'Orléans à juger au nombre de trois juges dans une audience particulière et sans ministère de procureur. Les dispositions de cet édit furent étendues à tous les bailliages et sénéchaussées par un autre édit du mois de septembre 1769. Cet édit contient certainement l'idée qui a présidé à la création des justices de paix. Ne serait-il pas aussi une pierre d'attente, permettant d'ajouter à nos tribunaux de première instance une institution utile : les audiences particulières, où les affaires sommaires, ces causes qui ne sont point susceptibles de débats à la barre, seraient jugées sans ministère d'avoués, et où serait essayée la conciliation des autres affaires? Le préliminaire de conciliation est aujourd'hui dans les attributions des juges de paix, mais sans avantage certain, ni pour l'administration de la justice, ni pour les justiciables. Cet inconvénient était depuis longtemps signalé. « L'Assemblée constituante, dit Boitard, réalisa la première en France « l'institution d'un tribunal de conciliation ; elle en fit « une des attributions des juges de paix ; et certes, si ces « attributions eussent répondu en pratique aux espérances qu'on en avait conçu, aucune fonction de ces juges « n'eût été plus belle et plus heureuse. Mais l'Assemblée « constituante, entraînée par ses illusions philanthropiques, organisa le système de conciliation avec une « étendue qui, dans le fait, la rendit plus onéreuse qu'utile. Les inconvénients d'application influèrent, sans « doute, sur les vœux des tribunaux d'appel lors de la « rédaction du Code de procédure ; méconnaissant ce que « l'institution présentait de moral et d'utile, ils réclamèrent la suppression complète de la tentative de conciliation. » Il est en effet certain, comme le remarque l'excellent auteur qu'on vient de citer, que le système de conciliation, tel qu'il est organisé aujourd'hui, est loin d'avoir donné les résultats que le législateur était en droit d'en attendre. L'expérience a prouvé que les magistrats n'ont d'influence, comme conciliateurs, que sur les personnes qu'ils sont appelés à juger. Les juges de paix, dans les petites audiences sur billets d'avertissement, concilient plus des trois quarts des affaires qui sont portées devant eux ; et, lorsqu'ils siègent au bureau de paix, ils ne parviennent à en concilier que très peu. Le préliminaire de conciliation est généralement une formalité que l'on remplit; il est rarement pris au sérieux. La plus grande partie des affaires est, d'ordinaire, renvoyée au tribunal civil, et en réalité le résultat peut être considéré comme médiocre. Quelle influence n'auraient point sur les parties les magistrats du tribunal civil faisant comparaître devant eux, en audience particulière, comme le dit l'édit de 1769, les personnes sur le point d'engager un procès ! N'interviendrait-il pas souvent des jugements dans les matières sommaires, des transactions dans les autres affaires ? Les causes importantes, celles exigeant une instruction approfondie, ne pourraient-elles pas être renvoyées à l'audience publique, par décision des juges, sur la demande des parties ou de leurs conseils ? Le greffier ne pourrait-il pas retenir acte des transactions faites ? Les inconvénients de cette procédure sont en petit nombre, et peuvent facilement être atténués par la prudence des juges ; les avantages sont considérables. La comparution des parties et leur audition sont souvent utiles à la décision des causes ; les magistrats peuvent éviter des erreurs, et acquérir une connaissance plus complète des circonstances de fait. Les petites audiences près les justices de paix ont donné d'excellents résultats ; elles en donneraient de plus sérieux et de plus importants près les tribunaux de première instance. Les magistrats, on n'en peut douter, auraient beaucoup à gagner en considération et en influence, La voie est en quelque sorte tracée par l'édit de 1769, et il suffirait, pour réaliser cette utile institution, de changer quelques mots aux articles 48, 49, 50, 52 du Code de procédure.

IV

L'opinion publique ne se préoccupe pas moins des projets de loi en ce qui concerne les tribunaux de première instance; comme les justices de paix, ils ont été créés par la Constituante et comptent déjà près d'un siècle d'existence. Ils se composent au moins de trois juges, mais ils sont généralement en plus grand nombre, suivant l'importance du tribunal. On propose de réduire le tribunal de première instance à un seul juge; de réduire aussi à un petit nombre les magistrats des Cours d'appel; et sans doute aussi de ne conserver des parquets que près des Cours d'assises. Les juges de paix et le juge de première instance devraient, dans chaque canton et dans chaque arrondissement, expédier toutes les affaires, soit civiles, soit criminelles, dont ils pourraient être saisis. Ce dernier magistrat, assisté de deux juges de paix, devrait juger les appels des justices de paix de son ressort.

Maintenant se dresse devant l'opinion publique cette grave question du juge unique, de la pluralité des juges. Il est intéressant de l'envisager d'abord au point de vue historique. Dans la législation attique, on trouve l'Aréopage, composé de cinquante et un juges. Les attributions de ce corps furent, à cause de la jalousie qu'excitait son indépendance, limitées à diverses reprises. Le tribunal des Héliastes, composé de dix sections, jugeait ensemble ou séparément, au nombre de cinq cents, de mille et de six mille juges.

Dans le Droit romain, les juges étaient pris sur une liste annuelle de trois cent soixante *judices;* ils siégeaient au nombre de trente-deux, de quarante, de cinquante juges, suivant la nature et l'importance des affaires. César et Auguste changèrent peu de chose à l'organisation judiciaire des Romains; mais leurs successeurs la modifièrent considérablement. Les formes anciennes furent abandonnées, et la justice fut rendue par un juge unique : à Rome, par le *præfectus urbis;* dans les provinces, par les *præsides provinciarum?* Ils siégeaient sur la chaise curule, étaient assistés d'assesseurs et entourés de scribes et d'huissiers. Toute l'action de la justice fut directement centralisée dans les mains de l'empereur, de ses lieutenants, de ses agents. L'histoire rapporte que les magistrats considéraient comme une injure les appels contre leurs jugements, et que les justiciables, intimidés, n'osaient former leurs recours.

L'invasion germanique fit disparaître les magistratures impériales; on en trouve à peine quelques-unes maintenues dans les cités. Les juges germains, *boni homines et idonei*, siégeaient au nombre de sept ou de douze. Les *scabini*, qui les remplacèrent, siégeaient au nombre de sept au moins, prêtaient un serment professionnel et étaient présidés par les comtes ou les *missi dominici.* Dans les communes, la justice était rendue par les maires et par les jurés, au nombre de douze. Beaumanoir cite la règle qu'il dit exister de son temps, qu'un homme ne peut juger seul. Saint Louis formule dans ses *Établissements* une règle semblable. Les baillis et les sénéchaux étaient tenus d'avoir, au moins, quatre conseillers, hommes sages et prudents. Les présidiaux se composaient de neuf magistrats. Les prévôts des maréchaux de France ne pouvaient juger qu'avec le conseil de quatre ou de sept hommes notables, gens de bien et de savoir, suivant l'importance de l'affaire. En 1789, les sénéchaussées, bailliages et présidiaux, étaient composés au moins de sept magistrats, et les Parlements formaient des Compagnies nombreuses dont les membres jouissaient d'une haute réputation d'intégrité et de savoir.

Dès les temps les plus anciens, excepté à Rome, durant l'époque impériale, la pluralité des juges est chez tous les peuples la règle générale; le juge unique, emprunté par les empereurs romains aux législations orientales, n'apparaît que pendant une période relativement courte.

Depuis 1789, la pluralité des juges est la règle qui a présidé souverainement à l'administration de la justice. Les Cours d'assises ne peuvent juger qu'au nombre de douze jurés et de trois juges; les tribunaux de première instance, au nombre, au moins, de trois juges; les Cours d'appel, au nombre, au moins, de sept magistrats. Les juges de paix jugent seuls; mais ils n'ont généralement à juger que des questions de fait; leurs sentences ne peuvent jamais porter atteinte à la fortune ou à l'honneur des citoyens.

De tous les temps, les peuples occidentaux ont entouré l'administration de la justice de formes solennelles: « Justice n'est proprement autre chose que formalité, dit d'Ayraut. » Dans la place publique, à Athènes; dans le forum, à Rome; dans le mail des Germains, les juges siégeaient, nombreux, au milieu du peuple assemblé. Plus tard, les légistes siégeaient, en nombre, dans les cours de justice, dans les sénéchaussées, dans les bailliages, dans les Parlements, avec l'intégrité et la science que l'on sait. On n'a jamais songé, à aucune époque, de rien retrancher des formes graves, protectrices des droits des justiciables, dont les coutumes et les mœurs nationales avaient eu soin d'entourer les tribunaux. Au commencement de ce siècle, un esprit puissant formulait le principe qui, dans tous les temps, a présidé à l'organisation de la justice; dans la séance du Conseil d'État du 1er brumaire an XIII, le premier Consul disait: « Il s'agit de

« former de grands corps, forts de la considération que « donne la science, forts de leur nombre, au-dessus des « craintes et des considérations particulières. » Ces graves et belles paroles méritent d'être méditées par tous les hommes politiques. L'œuvre qu'a créée cette grande intelligence, en coordonnant les travaux de l'Assemblée constituante, existe encore ; ces grands corps judiciaires sont debout ; d'éminents magistrats ont pris place sur les sièges des tribunaux et des Cours, et dans les parquets des hommes de mérite et de talent. Il s'est formé, en même temps, autour de ces tribunaux et de ces Cours un barreau nombreux, éloquent et instruit ; magistrats, avocats, avoués ont acquis le respect et l'estime des justiciables. Depuis près d'un siècle que notre organisation judiciaire existe, on ne sait point qu'un magistrat ait forfait ; les poursuites contre les avocats ont été rares ; celles contre les avoués ont été peu nombreuses ; la science juridique est en honneur ; des recueils de jurisprudence, des ouvrages de droit de la plus grande importance ont été publiés ; rien ne manque à la gloire du corps judiciaire.

Cette grande institution est beaucoup plus près de la perfection qu'on ne le pense. Elle est le fruit des travaux de ces hommes d'intégrité et de science qui ont illustré nos Assemblées politiques ; les erreurs, les lacunes, sont en petit nombre ; les législateurs qui leur ont succédé n'ont point sensiblement amélioré l'œuvre de leurs devanciers ; peut-être même ont-ils fait surgir des difficultés de jurisprudence, que ceux-là avaient su éviter. Les frais de justice sont, sans doute, trop élevés [1]. Peut-être

1. Une réforme est indispensable ; les frais sont considérables et éloignent les justiciables, sur lesquels, au surplus, ils pèsent aussi d'une manière inégale ; ceux éloignés du chef-lieu sont surchargés. Ils pourraient être diminués de moitié en rachetant la

serait-il utile de tempérer la rigueur des formes juridiques, et de confier aux magistrats de première instance, dans une certaine mesure, le rôle de conciliateurs, soit dans l'intérêt de leur popularité, soit dans l'intérêt des justiciables, soit dans l'intérêt de la bonne administration de la justice[1]. Il se peut que les jurés choisis par le sort, sur un trop grand nombre, ne soient pas toujours *homines boni et idonei,* dans toute la force du terme, dont se servaient les anciens[2]. Mais n'est-il point aisé de modifier toutes ces choses? Ne peut-on pas réduire les frais de justice ? Ne peut-on pas aussi abaisser la barrière qui éloigne les juges des justiciables et instituer près des tribunaux de première instance des audiences de conciliation ? La loi, concernant le jury, ne peut-elle pas être encore utilement révisée ?

plus grande partie des offices d'huissiers. Tous les actes de procédure pourraient être faits par les greffiers et transmis par la poste, moyennant une taxe unique et suivant des règles qu'il serait aisé d'établir. Deux ou trois huissiers près les tribunaux de première instance suffiraient au service des audiences et à l'exécution des saisies; la police dans les prétoires des justices de paix pourrait être faite par un gendarme de service; la procédure près les tribunaux de première instance pourrait être simplifiée et rapprochée des formes adoptées dans les justices de paix.

1. Les mœurs, plus encore que le législateur, ont fait du tribunal de première instance le seul juge des questions de propriété; les justiciables se verraient, avec une très grande satisfaction, appelés en conciliation devant lui; cette manière de procéder ne diminuerait point le respect et serait éminemment utile soit au point de vue moral, soit au point de vue de la bonne conduite des affaires.

2. Soixante-douze jurés suffiraient au service des Cours d'assises, dix-huit à chaque session; les récusations, qui vont quelque fois jusqu'au scandale, pourraient être réduites aux récusations légales et pourraient être prononcées par la Cour.

V

L'opinion publique s'est également occupée des projets de loi en ce qui concerne les tribunaux de commerce. Créés comme les justices de paix et les tribunaux de première instance par le législateur de 1790, ils occupent une place importante dans notre organisation judiciaire. Il semblerait, au premier abord, que les tribunaux de première instance pourraient être investis de la juridiction commerciale; mais si on cherche à pénétrer dans les vues du législateur, on ne tarde pas à reconnaître que les magistrats de l'ordre purement civil n'étant initiés qu'avec peine aux pratiques commerciales, ayant peu d'aptitude pour procéder à la vérification des comptes et des livres de commerce, sont loin, surtout en matière de faillites, d'avoir les mêmes facilités que les négociants pour le règlement de ces sortes d'affaires. Il existe aussi des éléments de décision d'une grande importance, que les juges civils ne peuvent posséder au même degré que les commerçants ; ce sont les usages existants dans les places de commerce, qui président souvent, dès les temps les plus anciens, aux transactions commerciales. Il importe aussi de connaître les usages des places de commerce voisines ; de sorte que, dans un grand nombre de cas, une somme considérable de connaissances particulières et techniques est nécessaire pour l'expédition de ces sortes d'affaires. Dans certains arrondissements, les tribunaux ordinaires peuvent suffire; les juges de paix pourraient certainement connaître des ventes d'animaux faites dans les foires, dans les marchés, dans l'étable, soit entre agriculteurs et propriétaires, soit entre ceux-ci et les négociants; mais dès qu'il s'agit de transactions faites sur des places de commerce importantes, lorsqu'il s'agit de faillites, de vérifications de comptes et de livres de commerce; dès que des connaissances spéciales, qui ne s'acquièrent que par l'usage et par l'expérience, sont nécessaires, trouve-t-on les mêmes aptitudes, pour décider sainement, dans les juges de première instance et dans les juges de paix, que dans les juges de commerce? Il est impossible d'en douter.

VI

La science et la raison le disent hautement : il faut une magistrature particulière pour juger les simples contestations de fait, afin qu'elles soient expédiées avec célérité et à peu de frais; il faut en matière de commerce des juges spéciaux, possédant les connaissances particulières et techniques que l'expérience et la pratique des affaires commerciales peuvent seules donner; il faut enfin, pour la solution des questions de droit intéressant les personnes et les propriétés, des tribunaux forts de la considération que donne la science, forts de leur nombre, au-dessus des craintes et des considérations particulières. Cet important problème, le législateur de 1790 l'a résolu; consacrant avec sagesse la jurisprudence des anciens légistes, il ne reconnaît qu'une seule espèce de propriété, qu'il soumet à la juridiction du tribunal de première instance, composé de plusieurs magistrats, seul juge des personnes et des choses. Il institue en même temps des tribunaux auxiliaires pour juger les contestations de fait qui surgissent en grand nombre et pour l'expédition des affaires commerciales, afin de dégager le tribunal civil des litiges portant sur ces matières. Il distribue aussi, avec non moins de prudence, entre les diverses juridictions, les affaires à juger et fixe leurs limites, plutôt à raison de la matière qu'à raison du montant de la demande, ce dernier mode de fixation permettant trop facilement d'éluder les lois sur la compétence.

L'organisation judiciaire de notre pays est théoriquement très rapprochée de l'idée de bien et de l'idée de justice auxquelles elle doit donner satisfaction. Les étrangers ont plus d'une fois manifesté leur estime et leur respect pour nos institutions judiciaires. La Belgique les a conservées en entier en se séparant de nous; et, en France, parmi les hommes qui s'occupent de législations et d'études juridiques, il en est peu qui n'en reconnaissent la haute sagesse; nos institutions judiciaires, au surplus, régissent nos personnes et nos biens depuis près d'un siècle; elles sont passées dans nos mœurs. Outre leur valeur scientifique, elles ont subi l'épreuve du temps, la plus haute de toutes les sanctions.

VII

La stabilité des institutions judiciaires est une nécessité de premier ordre; l'émotion qui a été la suite des projets annoncés par la presse montre suffisamment combien est grande la place qu'elles remplissent parmi nous. Le pays a vécu jusqu'ici sous l'empire de l'organisation judiciaire, dont le législateur de 1790 a posé les bases. Depuis près d'un siècle, les propriétés se sont transmises, les contrats se sont formés, des fortunes ont été édifiées, des entreprises ont été faites par le commerce et par l'industrie sous la protection de nos institutions judiciaires; il n'est point de famille, point de propriété, point d'entreprise industrielle et commerciale, qu'elles n'aient marqué de leur empreinte ; aussi l'opinion publique fut-elle étonnée des projets qui suppriment les tribunaux de première instance et les tribunaux de commerce, et qui modifient les justices de paix, les Cours d'appel. Elle est effrayée du vide profond qui va se faire dans nos institutions judiciaires ; elle se figure nos chambres du conseil désertes, les sièges de la justice abandonnés. Peut-on espérer le remplir au moyen d'un juge unique et de deux ou trois magistrats de Cour d'appel ? Le juge unique aura-t-il dans le prétoire l'influence nécessaire ? Aura-t-il la considération que donne le nombre ? Sera-t-il au-dessus des craintes et des considérations particulières ? Les délibérations si utiles de la chambre du conseil ne feront-elles pas défaut ? Le public, les hommes d'affaires, les avocats, ne songeront-ils pas avec regret au temps où l'autorité judiciaire était représentée par un personnel nombreux et relevée par un appareil imposant ? Ces hommes d'action et de parole garderont-ils le silence ? Ceux qui méditent ne songeront-ils point au temps où à Rome les partis politiques se disputaient les jugements, à ce qui fut une des causes de la décadence de ce grand peuple ? L'opinion publique se pose déjà ces graves questions. Elle se demande encore si le juge unique, séparé des collègues qui le contiennent, éloigné des conseils des magistrats du parquet, ne tendra pas à devenir absolu ? Les justiciables ne seront-ils pas intimidés et ne renonceront-ils pas souvent à former leurs recours contre ses jugements ? Ne pourra-t-il pas chercher à s'affranchir de l'autorité des tribunaux supérieurs ? Et s'il est d'un caractère audacieux, ne pourra-t-il pas exercer une pression sur les justiciables, sur le gouvernement ? Ne pourra-t-il pas faire ou défaire des membres des conseils généraux, des députés, des sénateurs ?

Le public, si ce n'est les hommes d'étude, vivait sous l'empire de nos institutions judiciaires, sans se préoccuper des principes qui en forment les bases; ces principes étaient pour lui du domaine de la science. Il est aujourd'hui, que la question est posée, peu de personnes qui ne remarquent que le législateur a sagement composé nos tribunaux de plusieurs juges, afin de contenir chaque magistrat par l'opinion, l'exemple et l'influence de ses collègues, afin de donner au tribunal ce caractère essentiel d'impersonnalité qui éloigne le magistrat des influences extérieures et éloigne en même temps de lui les récriminations et les animosités, afin d'obtenir aussi la science et la maturité dans les jugements, l'effacement des individualités, le désintéressement, la fermeté nécessaires, pour résister aux craintes et aux considérations particulières.

VIII

L'organisation judiciaire de notre pays, il convient de le redire, est certainement le monument le plus respectable qui existe. Il a ses origines dans la législation romaine et dans les coutumes germaniques; chaque génération y a apporté sa pierre, et nos pères y ont mis le faîte; c'est l'œuvre du temps; c'est aussi celle d'illustres magistrats, de jurisconsultes éminents. Que le législateur y apporte les modifications que le progrès des mœurs et le mouvement des affaires peuvent exiger, mais sans altérer le fond, sous peine de créer des institutions éphémères et sans racines dans le pays.

Toulouse, imprimerie Douladoure-Privat, rue Saint-Rome, 39. — 2843.

www.ingramcontent.com/pod-product-compliance
Ingram Content Group UK Ltd.
Pitfield, Milton Keynes, MK11 3LW, UK
UKHW012129240726
13965UKWH00005B/2070

9 782013 053402